Het koo

Essentkom voor fruitsalade

Meer dan 100 gezonde, gemakkelijke en smakelijke recepten

Fay de Lange

Vrijwaring

De informatie is bedoeld om te dienen als een uitgebreide verzameling strategieën die de auteur van dit e-book heeft onderzocht. De samenvattingen, strategieën, tips en trucs zijn slechts aanbevelingen van de auteur, en het lezen van dit e-book kan niet garanderen dat iemands resultaten exact de resultaten van de auteur zullen weerspiegelen. De auteur van het e-book heeft alle redelijke inspanningen geleverd om de lezers van het e-book actuele en nauwkeurige informatie te verstrekken. De auteur en zijn medewerkers kunnen niet aansprakelijk worden gesteld voor eventuele fouten of onopzettelijke weglatingen. Het materiaal in het e-book kan informatie van derden bevatten. Materialen van derden bevatten meningen van hun eigenaars. Als zodanig,

INVOERING

Fruitsalades zijn enkele van de gezondste desserts die er zijn. Gevuld met vers fruit en een heerlijke dressing, iedereen houdt van deze verfrissende traktatie. Fruitsalade is gemakkelijk en kan op elk moment van het jaar worden gemaakt met vers of ingeblikt fruit als dessert of diner.

Dit boek laat je zien hoe je dit gezonde dessert goed maakt met de beste fruitsaladedressing en geweldige fruitcombinaties.

Kenmerken van een geweldige fruitsalade

1. Fruit: Het eerste waar je aan moet denken is natuurlijk fruit. Je kunt zowel vers als ingeblikt fruit gebruiken, hoewel het gebruik van vers fruit de beste resultaten geeft.

2. Dressing: Er zijn veel manieren om een fruitsaladedressing te maken! Het geheim van een extra lekkere salade zit hem in de dressing!

3. Kruiden en noten: Of je nu kiest voor verse kruiden, schillen van citrusvruchten of gehakte noten, een beetje extra maakt de meeste fruitsalades van goed tot geweldig.

4. Neem de tijd: je salade zal eronder lijden als je niet de tijd neemt om het fruit uit te lekken, de stelen te verwijderen, te schillen, te ontpitten en indien nodig goed schoon te maken.

1. Exotische fruitsalade

Opbrengst: 4 porties

Ingrediënt

- 2 rijpe mango's, papaya of
- 6 kiwi's, -- schillen en snijden
- 2 bananen, -- geschild en gesneden
- 2 TB banketbakkerssuiker
- 2 TB citroensap
- $\frac{1}{2}$ theelepel vanille-extract
- $\frac{1}{4}$ theelepel gemalen Chinees 5-kruidenpoeder

- $\frac{1}{2}$ framboos
- ananas
- Banketbakkerssuiker
- Muntbladeren

Klop suiker, citroensap, vanille en Chinees 5-kruidenpoeder erdoor; pas naar smaak aan door meer of minder ingrediënten toe te voegen. Voeg de mango en frambozen toe en meng door elkaar.

Leg vlak voor het opdienen de kiwi's in een cirkel op de buitenste rand van elk van de 4 dessertborden, plaats een binnenste cirkel van plakjes banaan op de kiwi's en laat een ruimte vrij in het midden van het dessertbord. Leg de gemacereerde frambozen en mango in het midden; bestrooi met banketbakkerssuiker en garneer met muntblaadjes.

2. Feestelijke fruitsalade

Opbrengst: 1 portie

Ingrediënt

- 1 doos ananasstukjes
- ½ kopje suiker
- 3 eetlepels bloem voor alle doeleinden
- elk 1 ei, licht geklopt
- 2 dozen mandarijnen
- 1 blik peren
- 3 Kiwi's elk
- 2 grote appels
- 1 kop halve pecannoten

Giet de ananas af, bewaar het sap. Zet de ananas apart. Giet het sap in een kleine pan; voeg suiker en bloem toe. Aan de kook brengen. Roer snel het ei erdoor; kook tot het dikker wordt. Haal van het vuur; koud.

Het wordt in de koelkast gezet. Meng in een grote kom ananas, sinaasappels, peren, kiwi, appels en pecannoten. Giet de dressing erover en schep goed om. Dek af en zet 1 uur in de koelkast.

3. Aziatische fruitsalade met papaja-muntdressing

Opbrengst: 6 porties

Ingrediënt

- ½ grote ananas; geschild, afgepeld
- 1 middelgrote papaja; geschild, gezaaid
- ½ grote meloen; geschild, gezaaid
- 11 ons hele gepelde lychees op zware siroop
- ½ kopje pitloze rode druiven; gehalveerd
- ½ kopje pitloze groene druiven; gehalveerd
- 1 grote papaja; geschild, gezaaid

- 5 eetlepels suiker
- 3 eetlepels vers citroensap
- $1\frac{1}{2}$ eetlepel verse munt; grof gehakt

Meng de eerste 6 ingrediënten in een grote kom.

Doe fruit in 6 kleine kommen of glazen

Sprenkel de papaya-muntsaus over het fruit. Bestrooi met kokos. Garneer met munt.

Papaya Mint Sauce: Pureer alle ingrediënten in de keukenmachine tot een gladde massa.

Overbrengen naar kom. Dek af en zet in de koelkast tot gebruik.

4. Warme fruitsalade

Opbrengst: 6 -8

Ingrediënt

- 1 blik (15 oz) gesneden perziken
- 1 blik (15 oz) abrikozen
- 2 eetlepels bruine suiker
- 1 citroen en 1 sinaasappel; de schors van
- 2 appels; geschild, geschild en in dunne plakjes gesneden
- 2 rijpe bananen; diagonaal gesneden

Meng perzik- en abrikozensap met bruine suiker en zeste. Doe al het fruit in een braadpan, voeg het sap toe en bak in de oven op 180°C gedurende 45 minuten, ontdekt. Het wordt warm of koud geserveerd met ijs, slagroom of alleen.

5. Mango-avocadosalade met macadamia's

Maakt 4 porties

- 1 stevige rijpe mango, geschild, ontpit
- 2 rijpe Hass-avocado's, ontpit, geschild
- 2 eetlepels vers citroensap
- 2 theelepels agave nectar
- 1/4 kopjes gemalen macadamianoten
- 1 eetlepel verse granaatappelpitjes
- 1 eetlepel verse munt- of korianderblaadjes

Combineer mango en avocado in een grote kom.

Voeg het citroensap en de agavenectar toe en roer voorzichtig om het fruit te coaten. Bestrooi met macadamia's, granaatappelpitjes en muntblaadjes. Serveer onmiddellijk.

6. Brandende zonsondergangsalade

Maakt 4 tot 6 porties

- 2 eetlepels citroensap
- 2 eetlepels agavenectar
- 1 Golden Delicious-appel, geschild, zonder klokhuis
- 1 banaan, in plakjes van 1/4-inch gesneden
- perziken of nectarines, gehalveerd, ontpit
- 1 kopje verse ontpitte kersen

Meng in een grote kom het limoensap en de agave-nectar, roer om te combineren. Voeg de appel, sinaasappel, banaan, perzik en kersen toe. Gooi voorzichtig om te combineren en serveer.

7. Fruitsalade in de winter

Maakt 4 porties

- 2 eetlepels walnotenolie
- 2 eetlepels vers citroensap
- 1 lepel agave nectar
- 1 Fuji-, Gala- of Red Delicious-appel, zonder klokhuis
- 1 grote sinaasappel, geschild en gesneden
- 1 kop pitloze rode druiven, gehalveerd
- 1 kleine stervrucht, gesneden

Meng in een kleine kom de walnotenolie, het citroensap en de agavenectar. Meng goed en zet opzij.

Meng in een grote kom de appel, peer, sinaasappel, druiven, sterfruit en walnoten. Besprenkel met dressing, schep om en serveer.

8. Zomerfruit met verse munt

Maakt 4 tot 6 porties

- 2 eetlepels vers sinaasappel- of ananassap
- 1 eetlepel vers citroensap
- 1 lepel agave nectar
- 2 theelepels gehakte verse munt
- 2 kopjes verse ontpitte kersen
- 1 kopje verse bosbessen
- 1 kopje verse aardbeien, gepeld en gehalveerd
- 1/2 kopjes verse bramen of frambozen

Meng in een kleine kom het sinaasappelsap, limoensap, agavenectar en munt. Opzij zetten. Meng in een grote kom de kersen, bosbessen, aardbeien en bramen. Voeg de dressing toe en meng voorzichtig om te combineren. Serveer onmiddellijk.

9. Fruitsalade met curry

Maakt 4 tot 6 porties

- $\frac{3}{4}$ kopje veganistische vanille-yoghurt
- $^{1}/4$ kopjes fijngehakte mangochutney
- 1 eetlepel vers citroensap
- 1 theelepel milde kerriepoeder
- 1 Fuji- of Gala-appel, klokhuis verwijderd en in partjes van 2,5 cm gesneden

- 2 rijpe perziken, gehalveerd en in partjes van 2,5 cm gesneden
- 4 rijpe zwarte pruimen, gehalveerd en bijgesneden
- 1 kop pitloze rode druiven, gehalveerd
- 1/4 kopjes geroosterde, ongezoete geraspte kokosnoot
- 1/4 kopjes geroosterde geschaafde amandelen

Meng in een kleine kom de yoghurt, chutney, citroensap en kerriepoeder en mix tot alles goed gemengd is. Opzij zetten.

Meng in een grote kom de appel, perziken, pruimen, mango, druiven, kokos en amandelen. Voeg de dressing toe, schep voorzichtig om en serveer.

10. Gegrild fruit

Maakt 4 tot 6 porties

- $^{1}/2$ kopjes wit druivensap
- $^{1}/4$ kopjes suiker
- 1 ananas, geschild, klokhuis verwijderd en in 1/2 inch gesneden
- 2 rijpe zwarte of paarse pruimen, gehalveerd en ontpit
- 2 rijpe perziken, gehalveerd en ontpit

- 2 rijpe bananen, in de lengte gehalveerd

Verwarm de gril voor. Verwarm in een kleine steelpan het druivensap en de suiker op middelhoog vuur, al roerend, tot de suiker is opgelost. Haal van het vuur en zet opzij om af te koelen.

Leg het fruit op de hete grill en gril 2 tot 4 minuten, afhankelijk van het fruit. Schik het gegrilde fruit op een serveerschaal en besprenkel met de siroop. Het wordt geserveerd op kamertemperatuur.

11. Fruitsalade met warmte

Maakt 4 porties

- 1/3 kopje ananassap
- 2 eetlepels vers citroensap
- 1 lepel agave nectar
- gemalen cayennepeper
- 1 navelsinaasappel, geschild en in blokjes van 1 inch gesneden
- 1 rijpe peer, klokhuis verwijderd en in blokjes van 1 inch gesneden
- 1 rijpe banaan, in plakjes van 1/4-inch gesneden
- 1/2 kop verse of ingeblikte ananasstukjes
- 2 eetlepels gezoete gedroogde cranberries
- 2 eetlepels gepelde pompoenpitten (pepitas)
- 1 eetlepel gehakte verse munt

Meng in een grote kom het ananassap, limoensap, agavenectar en cayennepeper naar smaak, roer om goed te combineren.

Voeg de sinaasappel, peren, bananen en ananas toe. Roer voorzichtig door elkaar, bestrooi met veenbessen, pompoenpitten en munt en serveer.

12. Aardbeien, mango en ananas

Maakt 4 porties

- 2 kopjes in blokjes gesneden verse of ingeblikte ananas
- 1 mango, geschild, ontpit en in stukken van 2,5 cm gesneden
- 2 kopjes dun gesneden verse aardbeien
- 1 rijpe banaan
- 1/4 kopje vers sinaasappelsap
- 2 eetlepels vers citroensap
- 1 lepel suiker

Meng in een grote kom de ananas, mango en aardbeien. Opzij zetten.

Pureer de banaan in een blender of keukenmachine met het achtergehouden ananassap, sinaasappelsap, limoensap en suiker. Giet de dressing over het fruit, meng voorzichtig om te combineren en serveer.

13. Kersenwatermeloensalade

Maakt 4 tot 6 porties

- $^{1}/3$ kopjes vers sinaasappelsap
- 1 eetlepel vers citroensap
- 1 theelepel puur vanille-extract
- 1 theelepel suiker
- 4 kopjes in blokjes gesneden watermeloen zonder zaden of kernen
- 2 kopjes verse ontpitte kersen
- 1 kopje verse bosbessen

Meng in een grote kom het sinaasappelsap, limoensap, vanille en suiker. Voeg de watermeloen, kersen en bosbessen toe. Gooi voorzichtig om te combineren en serveer.

14.24 uur fruitsalade

Opbrengst: 16 porties

Ingrediënt

- 2 middelgrote blikken ananasstukjes
- 6-ounce blik of sinaasappelsap, bevroren
- 1 pakje instant citroenpudding
- 3 bananen, in plakjes
- 1 blik peren
- 2½ kilogram Doos abrikozen
- 2½ kilo Doos perziken
- 1 blik mandarijnen, uitgelekt

Giet de ananas af en los het sinaasappelsap op in het ananassap. Meng de instantpudding met sap, gesneden bananen, peren, abrikozen en perziken (in hapklare stukjes). Voeg de uitgelekte sinaasappels en ananas toe. Meng en laat 24 uur in de koelkast staan.

15. Herfst fruitsalade

Opbrengst: 8 porties

Ingrediënt

- 2 heerlijke rode appels
- 1 gesneden banaan
- 1 Granny Smith-appel
- 2 Bartlett-peren
- ½ pond. rode druiven
- ½ c. geschaafde amandelen -- geroosterd 1 c. vanille-yoghurt
- 1 eetlepel kaneel
- ¼ theelepel. gemalen gember

- ½ theelepel. nootmuskaat
- 1 TB appelcider

Was en schil de appels en peren, schil indien gewenst. Snijd in stukken van één inch. Snijd bananen ½ "dik. Was de druiven en snijd ze doormidden. Combineer fruit en amandelen in een slakom. Meng yoghurt met kruiden en cider.

Giet over de fruitsalade en gooi om het fruit gelijkmatig te coaten. Chillen.

16. Meloen fruitsalade

Opbrengst: 6 porties

Ingrediënt

- elke 2 Med. meloen
- elk 1 grote ananas
- 1 kopje rozijnen
- 1 kop geraspte verse kokosnoot
- 1 kop fijngehakte walnoten
- elk 1 grote appel
- 1 kopje magere yoghurt

Snijd de meloenen in kleine stukjes en meng ze met al het andere fruit en de noten in een grote slakom. Schep de yoghurt in afzonderlijke kommen en verdeel over de fruitsalade. Roer om te coaten en te eten.

17. Fruitsalade met curry

Opbrengst: 6 porties

Ingrediënt

SALADE

- 1 kleine meloen
- 1 verse ananas
- ½ oranje paprika

JURK

- ⅓ kopje verse sinaasappelsap
- 1 theelepel Honing
- 1 theelepel gegranuleerde mosterd

- $\frac{1}{2}$ theelepel bereide mierikswortel
- $\frac{1}{4}$ theelepel kerriepoeder
- Zout en versgemalen peper

Snijd de meloen doormidden en verwijder de zaadjes. Snijd in achten en verwijder het vel. Snijd de cantaloupe in kleine hapklare stukjes. Verwijder met een roestvrijstalen mes de boven- en onderkant van de ananas, zet hem rechtop en snij de buitenste schil af. Snijd de ananas van boven naar beneden in vieren en verwijder het klokhuis.

Snijd de ananas in hapklare stukjes.

Meng in een serveerschaal het fruit en de sinaasappelpeper. Bewaar afgedekt en gekoeld tot het klaar is om te serveren.

Klop in een kleine kom het sinaasappelsap, honing, mosterd, mierikswortel, kerriepoeder en zout en peper naar smaak door elkaar. Als je klaar bent om te serveren, giet je de dressing over het fruit en meng je goed.

18. Perzische fruitsalade

Opbrengst: 6 porties

Ingrediënt

- 2 pitloze sinaasappels; geschild en geschild
- 2 appels; geschild; kern
- 2 bananen; plak
- 2 kopjes ontpitte dadels; fijngehakt;
- 1 kopje gedroogde vijgen; fijngehakt; of abrikozen
- 1 kopje sinaasappelsap

- 1 kopje amandelen; fijngehakt

Doe het fruit in de serveerschaal. Giet sinaasappelsap over het fruit en meng voorzichtig. Garneer met amandelen of kokos. Dek af en laat enkele uren afkoelen voordat u het serveert.

19. Vijf kopjes fruitsalade

Opbrengst: 8 porties

Ingrediënt

- 11 ons Blik mandarijnen, uitgelekt □□13½ ons Blik ananasstukjes, uitgelekt
- ½ kopje ananassap
- 1½ kopjes miniatuur marshmallows
- 2 kopjes zure room
- 3½ ons geschaafde kokosnoot
- 1 kopje druiven/kersen voor decoratie

Combineer alle ingrediënten behalve de topping en zet enkele uren of een nacht in de koelkast. Ze worden geserveerd op kopjes groene salade gegarneerd met druiven of kersen.

20. Verse fruitsalade

Opbrengst: 10 porties

Ingrediënt

- ½ kilo Creamette medium mosselen; rauw
- 1 blik (8 oz) gewone magere yoghurt
- ¼ kopje bevroren geconcentreerd sinaasappelsap
- 1 sapdoos ananasstukjes; droogleggen
- 1 grote sinaasappel; geschild, in plakjes gesneden en gezaaid
- 1 kop pitloze rode druiven; in tweeën gesneden
- 1 kop pitloze groene druiven

- 1 appel; klokhuis verwijderd en gehakt, gehalveerd
- 1 banaan; plak

Bereid Creamette-schelpen volgens de aanwijzingen op de verpakking; lekkage Meng in een kleine kom het yoghurt- en sinaasappelsapconcentraat. Combineer de resterende ingrediënten in een grote kom. Voeg yoghurtmengsel toe; gooi om te dekken. Omslag; het koelt goed.

Roer voorzichtig voor het serveren. Zet de restjes in de koelkast.

21. Harlekijn fruitsalade

Opbrengst: 4 porties

Ingrediënt

- 1 middelgrote rijpe meloen
- 125 gram aardbeien; (4 Oz)
- 125 gram pitloze groene of zwarte druiven;
- 1 doos ananasstukjes op natuurlijk sap
- 1 banaan
- 2 sinaasappels
- 1 eetappel met rode schil

Plaats de meloen in een grote serveerschaal. Snijd alle grote aardbeien in tweeën of in vieren. Voeg toe aan de meloenblokjes.

Was en snijd de druiven in de lengte doormidden. Plaats in serveerschaal. Open de ananasstukjes voorzichtig en schenk ze met het sap in de serveerschaal.

Schil de banaan en snijd ze in plakken van 1 cm dik. Meng deze plakjes door het fruitmengsel.

Was en snijd de appel in vieren, verwijder het klokhuis en snij in dikke plakken of blokjes, roer door het fruitmengsel.

Dek de fruitsalade af en zet hem 30-60 minuten in de koelkast.

22. Hurricane fruitsalade

Opbrengst: 6 porties

Ingrediënt

- 1 kop gesneden bananen
- 1 kopje sinaasappelpartjes, vers geschild
- ½ kopje gesneden aardbeien
- 1 kop verse ananasstukjes
- ½ kopje gesneden, geschilde kiwi's
- 1 kopje yoghurt
- 1 kopje meloenballen
- ⅓ kopje gehakte dadels
- 2 eetlepels geraspte kokos
- 6 slablaadjes

Meng alle ingrediënten behalve de kokos en de salade. Dek af en zet 1-2 uur in de koelkast. Leg de slablaadjes op een bord, schep het mengsel over de slablaadjes en garneer met kokos.

23. Libanese verse fruitsalade

Opbrengst: 1 portie

Ingrediënt

- 1 rijpe watermeloen
- ½ verse ananas
- 1 tot 2 sinaasappels
- Appel, peer of aardbei
- 2 rijpe bananen

Bereidingswijze: Schil en snijd de meloen in blokjes. Snijd de ananas in stukjes. Schil en snijd de sinaasappels, verwijder al het witte vlies, snijd ze in stukjes met een keukenschaar. Hussel het fruit door elkaar.

Als het fruit lekker rijp is, zorgen de natuurlijke sappen voor veel zoetheid, dus er is geen suiker nodig. Snijd de appel of peer in blokjes en als u bessen gebruikt, was en schil ze. Voeg toe aan het fruitmengsel. Vlak voor het serveren de banaan schillen, in plakjes snijden en toevoegen. Goed roeren.

24. Jicama fruitsalade met basilicum

Opbrengst: 6 porties

Ingrediënt

- 1 kop druiven, tomaten, pitloos
- 1 kop Druiven, groen, pitloos
- 1 kopje meloen, honing of mango; kubussen
- 1 kop ananasstukjes, vers
- 1 sinaasappel; geschild, gesneden en in vieren
- 1 nectarine; kubussen
- ½ kopje aardbeien; gehalveerd
- ½ kopje Jicama; geschild, in luciferstukjes gesneden

- $\frac{1}{4}$ kopje sinaasappelsap
- 1 lepel basilicum, vers; gehakt OF
- 1 theelepel basilicum, gedroogd; verpletterd
- Basilicumveren, optioneel

Meng in een middelgrote kom alle ingrediënten behalve basilicumtakjes; voorzichtig mengen. Garneer voor het serveren met een takje basilicum.

25. Fruitsalade met gember

Opbrengst: 8 porties

Ingrediënt

- 2 verse perziken
- 1 hele meloen
- 3 md pruimen
- $\frac{1}{2}$ hele meloen
- $\frac{1}{2}$ pond. groene en rode druiven
- $\frac{1}{2}$ kopje vers citroensap
- 1 theelepel citroenschil
- $\frac{1}{4}$ kopje honing
- $\frac{1}{2}$ kopje gekonfijte gemberwortel

Bereid al het fruit voor door te wassen, indien gewenst schoon te maken, pit te verwijderen en in kleine stukjes te snijden. Meloenen kunnen desgewenst worden uitgeschept met een meloenenpers.

Combineer al het fruit in een grote keramische kom.

Meng het citroensap, de rasp, de honing en de gember door elkaar. Giet over het fruit, schep om en marineer minstens zes uur. Serveer koud of op kamertemperatuur.

26. Fruit- en kruidensalade met muntsorbet

Opbrengst: 4 porties

Ingrediënt

- 2 sinaasappels; geschild en in plakjes
- 1 pompelmoes; geschild en verdeeld
- 1 grote peer; geschild, afgepeld
- 250 gram pitloze druiven
- 300 milliliter vers sinaasappelsap
- 1 eetlepel gehakte tijm
- 1 eetlepel gehakte citroenmelisse
- 1 theelepel gehakte munt
- Verse muntbladjes
- 4 eetlepels muntsorbet

Meng al het fruit en giet het sap erover.

Roer de gehakte kruiden erdoor en zet een paar uur in de koelkast voordat je ze serveert.

Serveer elke portie met een lepel muntsorbet in het midden en eventueel een klodder room en garneer het dessert met enkele muntblaadjes.

27. Papajasaus over fruitsalade

Opbrengst: 1 portie

Ingrediënt

- 1 Papaja; geschild, gezaaid en in stukjes gesneden
- $\frac{3}{4}$ kopje papaja-nectar uit blik
- 2 eetlepels rijstwijnazijn
- 2 theelepels verse gember; fijngehakt
- 1 lepel suiker
- ⅓ kopje olijfolie
- Geassorteerd vers fruit; plak

- 1 bosje munt; fijn gesneden

Combineer de papaja, nectar, azijn, gember en suiker in een blender en mix tot een gladde massa. Giet terwijl de motor draait de olijfolie in een langzame, gestage stroom totdat deze is opgenomen. Giet in een kom, roer de munt erdoor en zet afgedekt in de koelkast tot gebruik.

Over vers fruit gieten en garneren met muntblaadjes.

28. Fruitsalade met sinaasappeldressing

OPBRENGST: 8 - 10 PORTIES

Ingrediënten voor dressing

- 1/4 c. Honing
- 1/4 liter vers geperst sinaasappelsap
- Zest van 1 citroen

Voor de salade

- 1 lb. aardbeien, geschild en in vieren
- 6 oz. veenbessen
- 6 oz. framboos
- 3 kiwi's, geschild en in plakjes
- 1 sinaasappel, geschild en in tweeën gesneden
- 2 appels, geschild en in stukjes

- 1 mango, geschild en in stukjes
- 2 c. druiven

Routebeschrijving

Meng in een kleine kom de honing, het sinaasappelsap en de citroenschil. Voeg het fruit toe aan een grote kom en giet de dressing erover, roer voorzichtig om te combineren.

Koel tot klaar om te serveren

29. Fruitsalade met jalapenodressing

Opbrengst: 6 porties

Ingrediënt

- ½ kleine meloen
- 1 grote rijpe papaja, geschild
- 1 kopje Aardbeien met steel en gepeld
- 1 blik Ananasstukjes uitgelekt

Dressing met citrus Jalapeno

- ⅓ kopje sinaasappelsap
- 3 eetlepels limoensap
- 3 eetlepels gehakte verse munt, basilicum
- 2 pitloze Jalapenopepers, fijngesneden
- 1 lepel Honing

Schep de meloenzaadjes eruit. Schil de meloenvruchten of snijd ze in plakjes. Verwijder het vel en snij in blokjes. Doe in een grote kom.

Fruit en dressing toevoegen. Roer voorzichtig om te combineren. Serveer onmiddellijk of dek af en zet tot 3 uur in de koelkast. Garneer met munt.

COMBINEREN Combineer in een kleine kom en meng goed

30. Fruitsalade met kersenvinaigrette

Opbrengst: 1 portie

Ingrediënt

- 3 eetlepels droge kersenazijn
- 4 eetlepels plantaardige olie
- $\frac{1}{4}$ theelepel Zout
- $\frac{1}{4}$ theelepel gemalen zwarte peper
- 1 kop gedroogde kersen
- 1 kleine dunne granny smith appel
- 1 kleine sinaasappel, geschild en gesneden
- $\frac{1}{4}$ kopje hele gezouten cashewnoten
- $1\frac{1}{2}$ kopje witlof
- $1\frac{1}{2}$ kopjes spinazie
- $1\frac{1}{2}$ kopjes Boston-sla

Meng voor de dressing de azijn, olie, zout en peper. Schik greens op serveerschaal; voeg kersen, bessen en cashewnoten toe. Serveer met vinaigrettedressing.

Voor de vinaigrette: Combineer 1 kopje gedroogde kersen met 2 kopjes witte wijnazijn in een glazen bakje. Dek af en laat 2 dagen bij kamertemperatuur macereren.

Verwarm tot het kookpunt, zeef door kaasdoek. Koel en bewaar in een luchtdichte verpakking.

31. Fruitsalade met maanzaadsaus

Opbrengst: 6 porties

Ingrediënt

- 1 blik (11 oz) mandarijnsegmenten; drooglеggen
- 1 blik (8 oz) ananasstukjes; drooglеggen
- 1½ kopjes gesneden aardbeien
- ¼ kopje maanzaaddressing
- Sla blaadjes

Meng in een middelgrote kom alle ingrediënten behalve sla; gooi om te dekken.

Serveer de salade op individuele borden bekleed met sla.

32. Fruitsalade met kerrie-honingsaus

Opbrengst: 4 porties

Ingrediënt

- 1 rijpe mango; geschild en in blokjes gesneden
- 4 kopjes verse gehakte ananas
- $\frac{1}{4}$ kopje vers citroensap
- 1 kopje gewone of magere vanille-yoghurt
- 2 lepels Honing
- $\frac{1}{4}$ theelepel kerriepoeder; (optioneel)
- $\frac{1}{2}$ kopje verse frambozen
- ⅓ kopje geroosterde kokosnoot voor garnering

Weinig dingen zijn zo eenvoudig en verfrissend als deze fruitsalade met mango, ananas en framboos. Maak het af met een inventieve honing- en yoghurtsaus, op smaak gebracht met een vleugje kerriepoeder, en je hebt een goede zaak nog beter gemaakt.

Combineer mango en ananas in een middelgrote kom. Meng met citroensap. Klop in een kleine kom de yoghurt, honing en kerriepoeder door elkaar, indien gebruikt. Verdeel voor het serveren het fruit over 4 serveerschalen. Bestrooi met frambozen en kokos en serveer de yoghurtsaus apart.

FRUITSALADE MET GROENTEN

33. Veldgroenten en fruitsalade

Opbrengst: 1 portie

Ingrediënt

- 2 heerlijke rode appels
- 2 Granny Smith-appels
- 1 kop walnootstukjes
- 4 Oz. Texaanse geitenkaas
- In de winkel gekochte frambozenvinaigrette

- Veldgroenten

Gooi de veldgreens met de walnootstukjes. Snijd de appels en geitenkaas in dunne plakjes en verdeel ze mooi over de salade.

Serveer met frambozendressing voor een heerlijke fruitsalade.

Besprenkel de appels met citroensap om te voorkomen dat ze bruin worden.

34. Wortelen, rozijnen en fruitsalade

Opbrengst: 1 portie

Ingrediënt

- 1 kg Reiniging; hele wortelen
- 1 kleine tot middelgrote appel; kwartalen
- $\frac{1}{4}$ verse ananas; in stukjes snijden
- 1 blik rozijnen ter grootte van een snack

Gebruik een sapcentrifuge om hele wortelen en appel en ananas te verwerken

Schraap het vruchtvlees in een kom en meng goed om de drie verschillende ingrediënten te combineren. Voeg de rozijnen toe en voeg dan zoveel sap van de ingrediënten toe als nodig is om de salade te bevochtigen.

Goed laten afkoelen en koud serveren.

35. Sinaasappel- en vijgensalade

Maakt 4 porties

- 3 sinaasappels, schoongemaakt en in stukjes
- 1/2 kopje grof gehakte verse of gedroogde vijgen
- 1/2 kopjes gehakte walnoten
- 3 eetlepels gezoete kokosvlokken
- 1 eetlepel vers citroensap
- 1 theelepel suiker
- 2 eetlepels gezoete gedroogde kersen

Meng in een kom de sinaasappels, vijgen en walnoten. Voeg de kokosnoot, het citroensap en de suiker toe. Roer voorzichtig om te combineren. Bestrooi met kersen en serveer.

36. Bevroren fruitsalade

Opbrengst: 6 porties

Ingrediënt

- 1 zakje ongeparfumeerde gelatine
- ½ kopje kokend water
- 16 oz Fruitcocktail op siroop
- ½ kopje mayonaise of Miracle Whip
- 2½ kopjes gezoete slagroom

Vouw $\frac{3}{4}$ kopje marshmallows tegelijk met de slagroom, indien gewenst

Los de gelatine op in kokend water. Koel iets af, meng dan fruitcocktail en mayonaise.
Koel gedurende 10 minuten. Voeg de room toe.

Giet in een kleine broodvorm of bakplaat en bevriezen. Snijd of vierkant en serveer op sla.

37. Fruit- en koolsalade

Opbrengst: 6 porties

Ingrediënt

- 2 sinaasappels; knippen en snijden
- 2 appels; fijngehakt
- 2 kopjes groene kool; versnipperd
- 1 kop pitloze groene druiven
- ½ kopje slagroom
- 1 lepel suiker
- 1 eetlepel citroensap
- ¼ theelepel Zout
- ¼ kopje mayonaise/saladedressing

Doe de sinaasappels, appels, kool en druiven in een kom.

Klop de slagroom in een gekoelde kom stijf. Spatel de room, suiker, citroensap en zout door de mayonaise.

Roer door het fruitmengsel.

38. Fruit- en groenteyoghurtsalade

Opbrengst: 4 porties

Ingrediënt

- 2 middelgrote Eet appels; kern en gehakt
- 2 middelgrote wortelen; geschild, in dunne plakjes
- 1 middelgrote groene paprika; gezaaid en gehakt
- 6 ons stukjes verse ananas of
- Ananasblokjes uit blik
- 6 ons yoghurt

- 3 eetlepels sinaasappelsap
- 1 eetlepel citroensap
- Snufje zout
- Kaneel; versieren

Combineer de appels, wortelen, paprika's en ananas en meng goed.

Meng de yoghurt, sinaasappel- en citroensap en zout.

Doe de salade in deze dressing, koel af en serveer met kaneel erover.

39. Fruitsalade met ananas en chili

Opbrengst: 1 portie

Ingrediënt

- 1 rijpe ananas
- 1 hele granaatappel met zaadjes gescheiden
- 2 lindebomen; sap van
- 100 milliliter koud water
- 50 gram basterdsuiker
- 1 fijngehakte rode peper
- Een paar gescheurde blaadjes verse basilicum

Verwarm water en suiker in een kleine steelpan tot het is opgelost.

Haal het van het vuur en laat het afkoelen.

Voeg de pepers en granaatappelpitjes toe aan de vloeistof. Schil en snijd intussen de ananas in grote stukken en voeg deze samen met het citroensap toe aan de fruitsalade.

Zet de salade een paar uur in een kom in de koelkast om op te stijven.

Voeg voor het serveren de gescheurde basilicumblaadjes toe om de fruitsalade een heerlijke frisheid te geven.

40. Spinaziesalade met fruit en honing

Opbrengst: 6 porties

Ingrediënt

- 8 kopjes verse spinaziebladeren verpakt
- 2 kopjes meloenballen
- $1\frac{1}{2}$ kopjes gehalveerde verse aardbeien
- 2 eetlepels pitloze frambozenjam
- 2 eetlepels frambozen witte wijnazijn
- 1 lepel Honing
- 2 theelepels olijfolie
- $\frac{1}{4}$ kopje gehakte macadamianoten

Combineer spinazie, meloenballen en aardbeienhelften in een grote kom; licht gooien.

Combineer jam en de volgende 3 ingrediënten in een kleine kom; meng met een garde tot een homogeen geheel. Sprenkel het spinaziemengsel erover en schep goed om.

Bestrooi met noten.

41. Sla en fruitsalade

Opbrengst: 14 porties

Ingrediënt

- 3 blikken mandarijnen; drooglegggen
- 3 Grapefruit, roze; geschild, gezaaid
- 6 kroppen sla; in hapklare stukjes gescheurd
- $\frac{1}{4}$ kopje ui; fijngehakt
- $\frac{3}{4}$ kopje azijn, dragon
- 2 eetlepels plantaardige olie
- $2\frac{1}{2}$ eetlepel maanzaad
- 1 lepel suiker
- 1 theelepel Zout
- 1 theelepel droge mosterd

- $\frac{3}{4}$ kopje plantaardige olie

Combineer mandarijnen, grapefruitsecties en sla in een grote slakom; licht gooien. Serveer met maanzaadsaus.

Poppy Seed Dressing: Combineer de eerste 7 ingrediënten in een elektrische blendercontainer; Goed roeren. Voeg langzaam $\frac{3}{4}$ kopje plantaardige olie toe en blijf kloppen tot het ingedikt is. Giet in een pot met een goed sluitend deksel en laat afkoelen. Goed schudden voor het serveren.

42. Kip en fruitsalade

Opbrengst: 4 porties

Ingrediënt

- $1\frac{1}{4}$ kg kipfilet zonder botten, ontveld en in reepjes van 1/2-inch gesneden
- 2 eetlepels boter
- 1 theelepel Zout
- $\frac{1}{2}$ theelepel peper
- $2\frac{1}{4}$ kopjes aardbeien, gehalveerd

- $\frac{3}{4}$ kopje taugé
- 2 theelepels gehakte gekristalliseerde gember
- 1 theelepel gemalen gember
- 1 eetlepel basilicumazijn
- 1 eetlepel sojasaus
- $\frac{1}{8}$ theelepel zout
- $\frac{1}{8}$ theelepel cayennepeper
- 2 eetlepels olijfolie

Bak de kipreepjes 8 minuten in boter, vaak roerend. Breng op smaak met zout en peper; uit de pan halen en op keukenpapier laten uitlekken. Laat het afkoelen.

Combineer de aardbeien, taugé, gekoelde kip en gehakte gember in een slakom. Meng in een aparte kom de gemalen gember, azijn, sojasaus, zout en cayennepeper. Voeg olie toe, meng de salade voorzichtig met dressing.

Dek de salade af en laat hem 10 minuten op kamertemperatuur staan voordat je hem serveert.

43. Salade met kip, avocado en papaja

Opbrengst: 1 portie

Ingrediënt

- 6 gepocheerde kipfilethelften zonder been
- 2 rijpe papaja's geschild en in dunne plakjes gesneden
- 2 rijpe avocado's geschild en in dunne plakjes gesneden
- 4 eetlepels vers citroensap
- Het vruchtvlees van 1 rijpe passievrucht
- ½ kopje plantaardige olie
- Fijn geraspte schil van 1 limoen

- Zout peper
- 2 3 eetl. Lieve schat
- ½ kopje grof gehakte pecannoten

Bekleed 6 saladeborden met sla. Snijd eventueel achtergebleven vet van de kip.

Snijd de kip in hapklare stukjes.

Afwisselend kip, avocado en papaya op borden

Meng het citroensap, de pulp, de olie, de rasp, het zout, de peper en de honing.

Leg de dressing over elke salade

Bestrooi met pecannoten.

44. Rundvleescurry en fruitsalade

Opbrengst: 4 porties

Ingrediënt

- 12 ons Deli rosbief; gesneden 1/4 inch dik
- 1 grote appel; in stukken van 1/2-inch gesneden
- 2 kleine perziken; in stukjes van 1/2 inch
- $\frac{3}{4}$ kopje gehakte selderij
- 1 groene ui; plak
- 1 kopje gewone magere yoghurt
- $1\frac{1}{2}$ eetlepel gehakte chutney
- 1 theelepel kerriepoeder
- Boston of sla
- 2 eetlepels gehakte amandelen

Stapel plakjes rundvlees; snijd ze in de lengte doormidden en vervolgens overdwars in reepjes van $1\frac{1}{2}$ inch breed. Meng in een grote kom het rundvlees, de appel, de nectarines, de selderij en de groene ui.

Meng in een kleine kom de yoghurt, chutney en kerriepoeder tot alles goed gemengd is.

Voeg toe aan het rundvleesmengsel en roer. Dek af en zet minimaal een uur in de koelkast.

Om te serveren, schik sla op serveerschaal; top met rundvleesmengsel.

Bestrooi met amandelen

45. Kalkoensalade met kerrie, fruit en noten

Opbrengst: 4 porties

Ingrediënt

- ½ kopje Chutney
- 1 theelepel kerriepoeder
- ½ tl gemberpoeder
- ⅓ kopje yoghurt
- 2½ kopjes kalkoen; gekookt, gehakt
- 1 grote papaja; gehalveerd, gezaaid, geschild en in plakjes
- 3 kiwi's; schoon, in de lengte gehalveerd
- ¼ kopje geblancheerde gesneden amandelen; geroosterd
- Verse spinaziebladeren; de stengel wassen, goed uitgelekt

- 4 tortillawraps

Combineer de chutney, kerriepoeder en gember in een kleine steelpan. Breng aan de kook
de hitte. Kook, af en toe roerend, gedurende 2-3 minuten

Het koelt een beetje af. Roer de yoghurt erdoor. Doe de dressing in een grote kom; kalkoen toevoegen.

Koel een paar uur. Bak de tortillawraps volgens de aanwijzingen op de verpakking. Voeg de papaya, kiwi en amandelen toe aan het kalkoenmengsel. Bekleed de afgekoelde tortilla-kommen met spinazieblaadjes. Vul elke schaal met kalkoenmengsel.

Serveer onmiddellijk.

46. Vruchten- en garnalensalade

Opbrengst: 4 porties

Ingrediënt

- 2 kopjes geassorteerd gesneden fruit
- 2 eetlepels olie
- 1 sjalot, dun gesneden
- 3 teentjes knoflook, in dunne plakjes gesneden
- Het sap van een limoen
- 1 theelepel koosjer zout
- 1 theelepel suiker, of naar smaak
- $\frac{1}{4}$ kopje gekookte garnalen
- 2 eetlepels gehakte geroosterde pinda's
- 1 verse rode chili, zonder zaadjes en fijngehakt

Snijd het fruit in hapklare stukjes. Als u pomelo gebruikt, schil dan de afzonderlijke secties en breek ze in stukjes ter grootte van een druif. Als de druiven zaden bevatten, splits ze dan en zaai ze. Gooi appel- of peerschijfjes in een beetje citroensap om te voorkomen dat ze oxideren.

Verhit de olie in een koekenpan of kleine steelpan op laag vuur en fruit de sjalotten en knoflook zachtjes aan tot ze lichtbruin zijn. Verwijder en laat uitlekken op keukenpapier.

Meng in een middelgrote kom het citroensap, het zout en de suiker (indien gebruikt) en roer om op te lossen. Voeg het fruit, de garnalen en de helft van de knoflook en sjalotten toe en schep ze door elkaar zodat ze gelijkmatig met de dressing bedekt zijn. Proef en breng zo nodig op smaak. Breng over naar een serveerschaal en garneer met de resterende knoflook en sjalotten, hazelnoten en chili.

47. Salade van gerookte kalkoen met fruit

Opbrengst: 6 porties

Ingrediënt

- 6 ons Mostaccioli; rauw
- 2½ kopjes gerookte kalkoenfilet; in reepjes snijden
- 1½ kopjes meloen; kubussen
- ⅓ kopje groene uien; plak
- 1½ kopjes aardbeien; plak
- ½ kopje gesneden amandelen; geroosterd
- ⅓ kopje citroensap
- ¼ kopje olie
- ¼ kopje honing
- ½ theelepel geraspte citroenschil

Om amandelen te roosteren, verspreidt u noten op een bakplaat; Bak op 350~ gedurende 5-10 minuten of tot ze goudbruin zijn, af en toe roeren.

Kook Mostaccioli tot de gewenste gaarheid volgens de aanwijzingen op de verpakking. lekkage; afspoelen met koud water. Meng in een grote kom alle ingrediënten voor de salade, behalve aardbeien en walnoten; gooien In een pot met een goed sluitend deksel, combineer alle dressingingrediënten; goed schudden. Giet over de salade; gooi om te dekken. Omslag; zet 1-2 uur in de koelkast om de smaken te mengen, af en toe roeren. Roer vlak voor het serveren voorzichtig de aardbeien en amandelen erdoor.

48. Gelaagde fruit- en garnalensalade

Opbrengst: 4 porties

Ingrediënt

- 1 rijpe meloen; kwartjes en zaden
- 1 grote rijpe mango; geschild en in plakjes
- 200 gram extra grote garnalen; ontdooid
- 4 eetlepels natuurlijke Griekse yoghurt
- 1 eetlepel gepureerde of zongedroogde tomaten
- 2 eetlepels melk
- Zout en versgemalen zwarte peper
- 2 eetlepels gehakte verse koriander

Schep het vruchtvlees in één stuk van de meloenkwarten en snijd ze kruiselings in 4-5 partjes. Laag meloen met gesneden mango tot een halve cirkel op vier borden.

Verdeel de garnalen over elke halve vrucht.

Meng de dressingingrediënten door elkaar en giet er wat van het fruit over tot een mooi patroon. Bestrooi met koriander en zet in de koelkast tot het nodig is.

49. Gerookte kip en exotisch fruit

Opbrengst: 1 portie

In de**verloop**

- 1 gerookte kip
- 1 poothuid verwijderd en in blokjes gesneden
- 1 mango; huid verwijderd en in blokjes gesneden
- 2 geblancheerde pruimtomaten; geschild, gezaaid
- 3 lente-uitjes; plak
- $\frac{1}{4}$ kilo; verwijder de zaadjes en hak fijn
- 2 eetlepels chili-azijn
- Creme fraiche

- 2 eetlepels Koriander; fijngehakt
- 1 eetlepel chili-olie
- 1 eetlepel balsamico azijn

Verwijder alle huid en botten van de kip en dobbelstenen. Meng mango, papaya, tomaten, lente-ui, chili, azijn en een beetje citroensap.

Vul een 6 cm en 2 cm hoge ring met het fruitmengsel.

Meng de gerookte kip met de crème fraîche. Zet er nog een cm op.

Meng in de ring. Bestrooi met koriander en verwijder de ring. Meng de chili-olie, balsamicoazijn en sprenkel er omheen.

50. Bosbessenfruitsalade

Opbrengst: 4 porties

Ingrediënt

- 6 Ounce Pakket Framboos Gelatine
- 2 kopjes kokend water
- 16 ons gegelatineerde cranberrysaus
- 8$\frac{3}{4}$ oz. Beker geplette ananas
- $\frac{3}{4}$ kopje verse sinaasappelsap
- 1 eetlepel vers citroensap

- ½ kopje gehakte walnoten

Los de gelatine op in kokend water. Verdeel en meng de cranberrysaus, ongeschilde ananas, sinaasappelsap, citroensap en walnoten.

Giet in een kleine steelpan. Koel tot stevig.

Snijd in vierkanten en serveer op slablaadjes met saladedressing.

51, Zwarte kersensalade met zoete fruitsaus

Opbrengst: 6 porties

Ingrediënt

- 2 kopjes zwarte kersen; ingeblikt, ontpit
- 3½ kopjes ananas; ingeblikt, in kleine stukjes gesneden
- 1 pakje sinaasappelgelatinepoeder

- $\frac{1}{2}$ theelepel ongeparfumeerde gelatine
- Een paar druppels citroensap
- $\frac{1}{2}$ kopje suiker
- 2 theelepels meel
- 1 eigeel
- Sap Van 1 Citroen
- $\frac{1}{2}$ kopje ananas- of abrikozensap
- 1 eetlepel zout
- 1 kop zware room; slagroom

Week de ongeparfumeerde gelatine in 2 eetlepels koud water. Voeg $\frac{1}{2}$ kopje kokend water toe en roer tot het is opgelost. Giet de bessen en ananas af. Giet het sap in een maatbeker en voeg water toe om $1\frac{3}{4}$ kopjes te maken. Verwarm het sap en giet het over de sinaasappelgelatine. Mix tot het is opgelost.
Combineer gelatinemengsels. Koel in een kleine pan.

ZOETE FRUIT DRESSING: Combineer de suiker, bloem en zout. Voeg vruchtensappen en eigeel toe. Breng aan de kook tot het ingedikt is. Koel af en voeg voor het serveren slagroom toe. Serveer op een blaadje sla.

52, Koolfruitsalade met roomsaus

Opbrengst: 4 porties

Ingrediënt

- 2 kopjes kool; Ruw, versnipperd
- 1 middelgrote appel, in blokjes gesneden, geschild
- 1 eetlepel citroensap
- $\frac{1}{2}$ kopje rozijnen
- $\frac{1}{4}$ kopje ananassap
- $1\frac{1}{2}$ theelepel citroensap
- $\frac{1}{4}$ theelepel Zout
- 1 lepel suiker
- $\frac{1}{2}$ kopje room

Bereid de kool en appel voor. Gebruik 1 T citroensap om de in blokjes gesneden appel te bevochtigen om verdonkering te voorkomen. Gooi de kool, rozijnen en appel weg. Meng vruchtensappen, zout en suiker. Voeg de room toe, meng tot gehomogeniseerd; voeg toe aan de salade en serveer koud.

53, Kersensalade met yoghurtsaus

Opbrengst: 1 portie

Ingrediënt

- 2 kopjes zoete kersen
- 1 kleine ananas in schil
- 1 gesegmenteerde grapefruit
- 1 gesegmenteerde sinaasappel
- ½ kleine meloen
- ½ kopje geroosterde amandelschijfjes
- Yoghurtsaus met sinaasappels

Schik fruit op serveerschaal; bestrooi met amandelen. Serveer met dressing.

54, Fruitsalade met amaretto roomsaus

Opbrengst: 4 porties

Ingrediënt

- ¼ liter frambozen
- ¼ liter bosbessen
- ¼ liter Aardbeien gewassen en gehalveerd
- ¼ kopje sinaasappelpartjes, in blokjes gesneden
- ¼ kopje grapefruitpartjes, in blokjes gesneden
- ¼ kopje Granny Smith-appel, in blokjes gesneden
- ¼ kopje groene druiven

- $\frac{1}{4}$ kopje perzik, in blokjes gesneden
- $\frac{1}{4}$ kopje abrikozen, in blokjes gesneden
- $\frac{1}{4}$ kopje citroensap
- $\frac{1}{4}$ kopje Plus 1 eetlepel suiker
- 1 theelepel gehakte munt
- $\frac{1}{4}$ kopje slagroom
- 2 eidooiers
- $\frac{1}{4}$ kopje Amaretto-likeur

Meng al het fruit, citroensap, kopje suiker en munt. Dek af en zet de salade een nacht in de koelkast.

Breng de volgende dag de room aan de kook en zet de pan opzij om iets af te koelen. Klop de eidooiers en de overige 2 eetlepels suiker door elkaar.

Als de room is afgekoeld, roer je het ei-suikermengsel erdoor. Zeef de saus en roer de likeur erdoor. Serveer in een kleine kan om over de individuele salade te gieten

55, marshmallow fruitcocktail

Opbrengst: 1 portie

Ingrediënt

- 8 ons opgeklopte MELK topping
- 3 blikjes (15 oz) fruitcocktail op zware siroop
- 2 kopjes geschaafde kokosnoot
- 3 kopjes mini marshmallows
- 2 kopjes rozijnen
- 2 middelgrote bananen

Open de blikken en giet de siroop af. Doe de cocktail in een GROTE kom. Snijd de bananen in hapklare stukjes. Voeg de andere ingrediënten toe; roer het gecombineerde mengsel bij elke nieuwe toevoeging. Voeg de opgeklopte topping als laatste toe; zorg ervoor dat het goed door het mengsel wordt gemengd.

Koel gedurende enkele uren.

56, Sinaasappelsalade

Opbrengst: 12 porties

Ingrediënt

- 2 kopjes kokend water verdeeld
- 1 pakje (3 oz) citroenjello
- 2 kopjes ijsblokjes, verdeeld
- 1 pakje (3 Oz) oranje jello
- 1 blik (20 Oz) geplette ananas
- 2 kopjes Min. marshmallows
- 3 grote bananen in plakjes
- ½ kopje fijn geraspte cheddarkaas
- 1 kopje gereserveerd ananassap
- ½ kopje suiker

- Opgeklopt ei
- 1 eetlepel Oleo
- 1 kop slagroom
- 2 eetlepels maizena

Giet in een 13 "x9" x2 bakvorm. Koel tot het stevig is. Herhaal met sinaasappelgelatine, ijs en het resterende water. Roer de marshmallows erdoor. Giet over de citroenlaag; serveer in de koelkast tot het stevig is. Meng voor de dressing ananassap, eisuiker, maizena en boter in een pan. Kook op middelhoog vuur, onder voortdurend roeren, tot het ingedikt is. Dek af en zet een nacht in de koelkast. Leg de volgende dag de geklopte bananen over de jello.

Combineer dressing met slagroom; verspreid over bananen, bestrooi met kaas. Genieten van! 5/4

57, Calico Fruitsalade

Opbrengst: 6 porties

Ingrediënt

- 1 liter Ice Berg sla stukjes
- 2 kopjes appeltaart; fijngehakt
- 2 grote bananen; Snee
- $\frac{1}{2}$ kopje rozijnen
- $\frac{1}{4}$ kopje pindakaas
- 3 lepels Honing
- $\frac{1}{4}$ kopje melk
- $\frac{1}{2}$ kopje Miracle Whip saladedressing

Combineer sla en fruit, schud voorzichtig om te combineren.

VOOR DE DRESSING: Combineer de pindakaas en honing en voeg dan geleidelijk de melk toe.

Voeg de dressing toe en meng goed tot alles goed gemengd is.
Koel tot het serveren.

58, Romige fruitsalade

Opbrengst: 6 porties

Ingrediënt

- 1 kopje aardbeien; kwartalen
- 1 kop meloen; in stukken
- 6 aardbeien; geheel
- 1 appel; kern en gehakt
- 20 druiven; groen pitloos
- ½ kopje ananas; in stukken
- ½ kopje mandarijnsecties
- 1½ kopjes Topping
- 2 eetlepels kokos; gehakt en gebakken

Combineer fruit in een kom van 2 kwart gallon, behalve hele bessen; dek af met plastic folie en zet in de koelkast tot het goed afgekoeld is, minimaal 2 uur.

Serveren: Schep in elk van de 6 parfait- of ijscoupes 2 eetlepels opgeklopte topping* (bevroren niet-zuivel ontdooid) en bedek elke portie met $\frac{1}{4}$ theelepel gemengd fruit.

Bedek elke portie fruit met 1 l slagroom en vervolgens een gelijke hoeveelheid van het resterende fruitmengsel.

Bedek elke portie fruit met 1 theelepel slagroom, bestrooi met 1 t kokosnoot en garneer met 1 bes. 1 portie = 116 calorieën.

59, Dixie Fruitsalade

Opbrengst: 1 portie

Ingrediënt

- $1\frac{1}{2}$ kopjes heerlijke appels; in blokjes gesneden
  $1\frac{1}{2}$ kopje granaatappels
- $\frac{1}{2}$ kopje pitloze rozijnen; gekookt
- $\frac{1}{4}$ kopje suiker
- $\frac{1}{4}$ kopje walnoten; fijngehakt
- $\frac{1}{4}$ kopje amandelen; fijngehakt
- $1\frac{1}{2}$ kopjes romige saladedressing;

Combineer alle ingrediënten behalve de romige saladedressing. Meng voorzichtig met de romige saladedressing.

Laat een half uurtje marineren in de koelkast. Serveer op knapperige slablaadjes en je hebt een gerecht voor de meest veeleisende fijnproevers. Sommige variaties zijn in het oorspronkelijke recept geslopen en nu vinden we andere vruchten toegevoegd. Ananas, bananen, peren en ontpitte kersen zijn veel voorkomende toevoegingen.

Pitloze rozijnen worden vaak vervangen door verse of gebottelde pitloze druiven. Gewone, gezoete slagroom kan worden geserveerd met de combinatie van fruit en noten. "Dixie Salad" is vaak het go-to-dessert voor dat vakantiemenu gebleken.

60, Romige tropische fruitsalade

Opbrengst: 4 porties

Ingrediënt

- 1 blik (15,25 oz) tropische fruitsalade; drooglеggen
- 1 banaan; plak
- 1 kop bevroren topping; ontdooid

Combineer alle ingrediënten in een middelgrote kom; gooi voorzichtig om te coaten.

61, Filipijnse fruitsalade

Opbrengst: 3 porties

Ingrediënt

- $1\frac{1}{2}$ kopjes slagroom
- 8 oz pakket. kaas crème
- 3 14-ounce blikjes fruitcocktail, uitgelekt
- 14 ons ananasstukjes, uitgelekt
- 14 ons doosje lychees, uitgelekt
- 1 kopje kokosnoot
- 8 ons pakket gehakte amandelen
- $1\frac{1}{2}$ kopjes in blokjes gesneden appels

Meng de slagroom en roomkaas tot een gladde saus. Combineer met andere ingrediënten en meng goed, zet een nacht in de koelkast.

De likeuren kunnen worden overgeslagen, gebruik een tropische fruitcocktail in plaats van de gewone fruitcocktail, maak er vier blikjes van. Toevallig laat ik de amandelen ook weg.

Filippino's gebruiken iets dat Nestles Cream heet, maar het is niet gemakkelijk te vinden.

62, Fruitsalade met citroen

Opbrengst: 1 portie

Ingrediënt

- 1 pakje (3 oz) instant-citroenpuddingmix
- 1 blik (16 oz) fruitcocktail, sap inbegrepen
- 1 blik (14 oz) geplette ananas, sap inbegrepen
- 1 blik mandarijnen, goed uitgelekt
- 1 bak (8 oz) koude zweep, ontdooid
- 1 kopje miniatuur marshmallows

Combineer alles in een grote kom. Goed roeren. Koel ongeveer 24 uur voor het serveren. Plaats desgewenst in een cakevorm in plaats van in de kom. Het kan dan in vierkanten worden gesneden om te serveren.

Desgewenst kunnen ook walnoten, maraschino-kersen en kokos worden toegevoegd. Nee, omdat mijn familie er niets om geeft.

Ideaal voor lunchpakketten die tot lunchtijd in de koelkast blijven.

63, Haupia met exotische fruitsalade

Opbrengst: 4 porties

Ingrediënt

voor Haupia:

- $1\frac{1}{2}$ kopjes kokosmelk
- 4 tot 6 eetlepels suiker
- 4 tot 6 eetlepels maizena
- $\frac{3}{4}$ kopje water Voor de saus:
- $\frac{1}{2}$ kopje passievruchtensap
- 1 kopje suiker

Voor de fruitsalade:

2 kiwi in blokjes

gesneden

- 1 in blokjes gesneden ananas

- 1 in blokjes gesneden papaja
- 8 stuks lychee □□1 gesneden banaan
- 1 gesneden mango
- 8 takjes verse munt

Haupia: Giet de kokosmelk in een pan. Combineer suiker en maizena; meng in water en meng goed. Roer het suikermengsel door de kokosmelk.

Kook en roer op laag vuur tot het dikker wordt. Giet in een 8-inch vierkante pan en zet in de koelkast tot het stevig is. Met behulp van een koekjesvormer in een traan- of stervorm gesneden.

Breng de sausingrediënten aan de kook. Chillen. Combineer de ingrediënten van de fruitsalade, meng met de dressing en zet apart.

Leg drie tot vier stukken Haupia op een koud bord, schik het fruit eromheen. Garneer met verse munt.

64, Fruitsalade met muntdressing

Opbrengst: 6 porties

Ingrediënt

- ½ kopje yoghurt
- 1 lepel Honing; naar smaak (maximaal 2)
- 1 lepel Amaretto; naar smaak (maximaal 2)
- ½ theelepel vanille-extract
- 1 lepel nootmuskaat
- 2 eetlepels gehakte verse munt
- 5 kopjes vol vers fruit; in stukjes snijden
- Hele muntbladjes voor garnering

Combineer alle dressingingrediënten in een kleine kom en mix tot een gladde massa. Combineer het fruit in een mengkom. Voeg de saus toe en meng goed.

Doe over in een serveerschaal en garneer met hele muntblaadjes. Dek af en laat kort afkoelen voor het serveren.

65, Fruitsalade met champagne

Opbrengst: 1 portie

Ingrediënt

- 8 ons roomkaas
- ½ kopje suiker
- 12 ons gekonfijte aardbeien; (ontdooid)
- 16 ons geplette ananas
- 2 of 3 bananen; in blokjes gesneden
- ½ of 1 kop gehakte walnoten

- 1 grote bak Cool Whip

Klop roomkaas en suiker met een elektrische mixer

Mix alles tot het goed gehomogeniseerd is.

Bestrooi met noten. Koel en serveer.

66, Frisse fruitsalade met honing-rumdressing

Opbrengst: 6 porties

Ingrediënt

- 1 eetlepel gehakte gekristalliseerde gember
- $\frac{1}{2}$ kopje ongezoet sinaasappelsap
- 2 lepels Honing
- $\frac{1}{2}$ theelepel rumextract
- 2 halve kopjes aardbeien
- 2 kiwi's; geschild, in plakjes
- 1 Papaja; geschild, in plakjes

Meng in een kleine steelpan de dressingingrediënten. Verwarm tot koken; van het vuur halen. Koel af tot kamertemperatuur.

Combineer het fruit in een middelgrote kom. Giet dressing over fruitmengsel; licht gooien. Zet 1 uur in de koelkast om smaken te mengen, af en toe roeren.

67, Fruit- en wijncompote

Opbrengst: 4 porties

Ingrediënt

- 4 kleine peren
- 1 sinaasappel
- 12 pruimen
- 1-inch kaneelstokje
- 2 korianderzaadjes
- 1 kruidnagel
- laurier
- ⅓ vanillestokje
- 4 eetlepels basterdsuiker

- $1\frac{1}{2}$ kopjes goede rode wijn

Schil de peren, was en snijd de sinaasappel in plakjes van $\frac{1}{2}$ cm ($\frac{1}{4}$ in).

Plaats de peren voorzichtig, met de steel naar boven, in een pan. Leg de pruimen tussen de peren en voeg de kaneel, korianderzaad, kruidnagel, laurierblaadjes, vanille en basterdsuiker toe.

Bedek met sinaasappelschijfjes en voeg wijn toe. Voeg indien nodig water toe zodat er voldoende vloeistof is om het fruit te bedekken.

Breng aan de kook, laat sudderen en laat de peren 25 tot 30 minuten sudderen tot ze gaar zijn. Laat het fruit afkoelen in de vloeistof.

Verwijder de specerijen en serveer het fruit en de vloeistoffen in een mooie serveerschaal.

68, Warme fruitsalade

Opbrengst: 1 portie

Ingrediënt

- 1 kopje Fig
- 2 kopjes appelsap
- 4 appels
- $\frac{1}{2}$ kopje rum of cognac
- $\frac{1}{4}$ kopje bruine suiker
- $\frac{1}{2}$ theelepel gemalen nootmuskaat
- 75 gram boter
- 2 eieren
- $\frac{1}{2}$ kopje basterdsuiker

- 1 theelepel vanille-essence
- 1 kopje meel
- 1 eetlepel rum of cognac
- Poedersuiker

Doe de vijgen in een pan met appelsap en laat ze 2 uur weken.

Schil de appels en snijd ze in vieren, verwijder het klokhuis. Verwarm de vijgen met rum, bruine suiker en appels Laat sudderen tot de appels zacht zijn. Roer de nootmuskaat erdoor.

Serveer warm met rum Madeleine.

Voor de madeleines: Vet de madeleinevormpjes of kleine cakevormen in en bestuif met bloem. Smelt de boter en laat afkoelen.

Klop de eieren, suiker en vanille dik en licht. Zeef de bloem en spatel door het beboterde ei- en rummengsel. Bak op 200 C gedurende 8 minuten.

69, Fruitsalade met witte wijn

Opbrengst: 8 porties

Ingrediënt

- 2 eetlepels suiker
- ½ kopje droge witte wijn
- 1½ theelepel geraspte citroenschil
- 2 eetlepels vers citroensap
- 4 kopjes honingballen of -blokjes
- 4 kopjes meloenballen of -blokjes
- 1 kop pitloze groene druiven
- Sla

Los in een ondiepe serveerschaal de suiker op in een mengsel van wijn, citroenschil en citroensap, onder voortdurend roeren. Spatel voorzichtig het fruit erdoor. Koel twee uur, af en toe omscheppen. Giet af en serveer op een bedje van groene salade.

70, Sri Lankaanse fruitsalade

Opbrengst: 1 portie

Ingrediënt

- 2 mango's; gebakken
- 1 Papaja; gebakken
- 1 ananas
- 2 sinaasappels
- 2 bananen
- 1 limoen, sap van
- 110 gram suikerwater
- 1 theelepel vanille
- 25 milliliter rum

Schil en snijd de mango, papaya en ananas. Schil de sinaasappels, verwijder de pitten en snijd ze in stukjes. Schil en snijd de bananen in plakjes en besprenkel met citroensap om verkleuring te voorkomen.

Gooi al het fruit voorzichtig in een slakom. Kook de suiker en het water samen en als de suiker is opgelost haal je het van het vuur en laat je het afkoelen. Voeg de vanille-essence en rum toe aan de suikersiroop en giet over de fruitsalade. Laat voor het serveren in de koelkast afkoelen.

71, Mimosa fruitsalade

Opbrengsten: 8

ingrediënten

- 3 kiwi's, geschild en in plakjes
- 1 c. bramen
- 1 el bosbessen
- 1 el aardbeien, in vieren
- 1 el ananas, in kleine stukjes gesneden
- 1 c Prosecco, gekoeld
- 1/2 c. vers geperst sinaasappelsap
- 1 lepel. Lieve schat
- 1/2 c. verse munt

Combineer al het fruit in een grote kom.

Giet de Prosecco, sinaasappelsap en honing over het fruit en meng goed.

Garneer met munt en serveer.

72, Mojito-fruitsalade

INGREDINTEN

- 4 kopjes gehakte watermeloen
- 1 pond aardbeien, in stukjes
- 6 oz frambozen
- 6 oz bosbessen
- 1/4 kopje pakje munt, gehakt
- 1/4 kopje vers citroensap
- 3 eetlepels poedersuiker

Voeg watermeloen, aardbeien, frambozen, bosbessen en munt toe aan een grote kom. Meng het citroensap en de poedersuiker in een kleine kom en giet het over het fruit en de bessen.

Gooi voorzichtig met een spatel en zet dan minstens 15 minuten in de koelkast voordat je het serveert, zodat de natuurlijke sappen van het fruit kunnen vrijkomen.

73, Margarita fruitsalade

Opbrengst: 1 portie

Ingrediënt

- 1 Cantaloupe en cantaloupe, in stukjes gesneden
- 2 sinaasappels en grapefruit, geschild en gesneden
- 1 mango, geschild en in blokjes gesneden
- 2 kopjes aardbeien, gehalveerd
- ½ kopje suiker
- ⅓ kopje sinaasappelsap
- 3 eetlepels Tequila
- 3 eetlepels sinaasappellikeur
- 3 eetlepels limoensap
- 1 kopje grof geraspte verse kokosnoot

Combineer fruit, zet apart. Kook in een kleine steelpan de suiker en het sinaasappelsap op middelhoog vuur, al roerend, gedurende 3 minuten of tot de suiker is opgelost.

Roer de tequila, likeur en limoensap erdoor. Laat het afkoelen tot kamertemperatuur.

Combineren met fruit. Dek af en zet minimaal twee uur of een nacht in de koelkast. Bestrooi vlak voor het serveren met kokos.

BEVROREN FRUIT SALADE

74, Bevroren fruitbekers voor kinderen

ingrediënten

- 5 pakken. Citroengelatine zonder suiker
- 10 kopjes kokend water
- 5 dozen Ongezoete ananasstukjes
- 5 blikken (elk 11 oz) mandarijnen, uitgelekt
- 5 blikjes bevroren sinaasappelsapconcentraat
- 5 grote bananen, stevig, in plakjes

Los in een zeer grote kom gelatine op in kokend water; afkoelen gedurende 10-15 minuten. Meng de overige ingrediënten. Plaats in foliebekers

Plaats eventueel in cupcakevormpjes.

Vries in tot het stevig is. Haal uit de vriezer 2030 minuten voor het serveren.

75, Romige diepgevroren fruitsalade

Opbrengst: 12 porties

Ingrediënt

- $\frac{1}{4}$ kopje suiker
- $\frac{1}{2}$ theelepel Zout
- $1\frac{1}{2}$ eetlepel bloem voor alle doeleinden
- $\frac{3}{4}$ kopje siroop uitgelekt uit het fruit
- 1 ei; licht geslagen
- 2 eetlepels azijn
- 1 kop uitgelekt; in blokjes gesneden peren uit blik
- $\frac{3}{4}$ kopje uitgelekte ananasstukjes
- 2 kopjes puree; medium rijpe bananen

- ½ kopje uitgelekt; gehakte maraschino-kersen
- 1 kop gehakte pecannoten
- ⅔ kopje verdampte melk
- 1 eetlepel vers geperst citroensap

Meng de suiker, het zout en de bloem in een pan. Fruitsiroop, ei en azijn toevoegen. Kook op middelhoog vuur, onder voortdurend roeren tot het ingedikt is. Koud.

Voeg het fruit en de noten toe aan het afgekoelde mengsel. Koel de verdampte melk in de vriezer tot er zich zachte ijskristallen vormen (ongeveer 10 tot 15 minuten)

Klop tot het stijf is, ongeveer 1 minuut. Voeg citroensap toe; versla nog 1 minuut om heel sterk te worden.
Spatel het fruitmengsel erdoor.

Giet in een licht geoliede pan van 6 kopje

76, Oma's bevroren fruitsalade

Opbrengst: 6 porties

Ingrediënt

- 1 fruitcocktaildoos
- 1 doos Abrikozenhelften
- 1 doos Ananasstukjes
- 4 ons miniatuur marshmallows
- 1 pakje ongeparfumeerde gelatine
- 4 ons Maraschino-kersen
- 4 ons zachte roomkaas
- ½ kopje saladedressing
- ¾ kopje slagroom
- Extra abrikoos en munt

Giet fruitcocktail, abrikoos en ananas. Doe het fruit in een grote kom. Voeg marshmallows toe. Opzij zetten.

Doe de vruchtensappen in een pan. Roer de gelatine erdoor. Zet op middelhoog vuur. Verwarm, al roerend, tot de gelatine is opgelost

Het koelt een beetje af. Giet over het fruit. Roer de in blokjes gesneden kersen en het kersensap erdoor.

Meng in een aparte kom de roomkaas en de saladedressing.

Voeg het fruitmengsel toe, goed mengen.

Dek af en laat afkoelen tot het gedeeltelijk is uitgehard. Voeg de room toe. Breng over naar een serveerschaal van 7 1⅕bij 11 inch.

Dek af en zet 4 tot 6 uur of een nacht in de koelkast. Snijd in vierkanten om te serveren. Garneer met abrikozen en een takje munt.

77, Individuele glazen voor bevroren fruitsalade

Opbrengst: 1 portie

Ingrediënt

- 2 kopjes zure room
- 2 eetlepels citroensap
- ½ kopje suiker
- 1 blikje gemalen ananas; (8 oz) uitgelekt
- 1 banaan; in blokjes gesneden
- Rode voedselkleurstof
- ½ kopje gehakte pecannoten
- 1 blik ontpitte kersen; (16 oz) uitgelekt

Combineer de room, het citroensap, de suiker, de ananas, de banaan en voldoende kleurstof om het mengsel roze te kleuren. Spatel voorzichtig de walnoten en kersen erdoor. Schep in geribbelde papieren muffinvormpjes die in muffinvormpjes zijn geplaatst. Bevries de vaste stof.

Haal uit de muffinvormpjes en wikkel stevig in plasticfolie. Bewaren in de vriezer

Ontdooi ongeveer 15 minuten voor het serveren.

Om te serveren, verwijder de papieren beker en plaats deze op een slablad. Garneer met een kers.

78, Jello Fruitsalade

Opbrengst: 1 portie

Ingrediënt

- 1 grote doos gemengd fruit
- 2 bananen, in plakjes
- Fruitcocktail, uitgelekt
- Mandarijnen, uitgelekt
- Koude zweep, ontdooid
- Aardbeiengelei

Combineer het fruit met de koele zweep. Strooi de jello (naar smaak) uit de verpakking in het mengsel. Meng en zet in de koelkast.

79, Kentucky bevroren fruitsalade

Opbrengst: 8 porties

Ingrediënt

- 2 citroenen; sap van
- $\frac{1}{8}$ theelepel zout
- $\frac{3}{4}$ kopje ananassap
- 4 eetlepels suiker
- 3 eidooiers
- 3 eetlepels bloem

- 1 doos ananasstukjes
- 1 doos pitloze Royal Anne kersen
- Enkele gehakte rode en groene Maraschino-kersen
- 1 kop slagroom
- amandelen; optioneel
- $\frac{1}{4}$ kilo marshmallows

Meng het citroensap, het zout, het ananassap, de suiker, de eidooiers en de bloem. Kook tot het dikker wordt. Koud.

Voeg ananasstukjes, kersen en marshmallows toe.

Spatel de slagroom erdoor.

Vul lege ijsblokjesbakjes en vries in.

Snijd en serveer op slablaadjes. Het kan een paar dagen voor het serveren worden bereid.

80, Fruitsalade voor kinderen

Opbrengst: 5 kopjes

Ingrediënt

- 17 ounce fruitcocktail, uitgelekt
- $1\frac{1}{2}$ kopjes miniatuur marshmallows
- 2 middelgrote bananen, in plakjes
- 1 middelgrote appel, grof gehakt
- 2 eetlepels citroensap
- $\frac{1}{4}$ kopje Maraschino-kersen, gehalveerd
- $1\frac{1}{2}$ kopjes Koele zweep

Roer de gesneden appels en bananen door het citroensap om bruin worden te voorkomen.

Meng in een grote kom alle ingrediënten behalve de coolwhip. Vouw de coolwhip er voorzichtig in. Omslag; koel tot serveren.

De kinderen graven het - ik denk dat het de coolwhip is waar ze van houden.

81, Een honing uit een pasta-fruitsalade

Opbrengst: 8 porties

Ingrediënt

- 1½ kopjes Rotini (spiraalvormige pasta)
- ½ kopje rozijnen
- 1 kop gehalveerde pitloze druiven
- 2 of 3 geschilde, gehakte perziken of nectarines
- ½ kopje gesneden selderij

- $\frac{1}{4}$ kopje gehakte geroosterde walnoten
- 4-ounce container zachte roomkaas
- $\frac{1}{4}$ kopje vanille of magere yoghurt
- 2 tot 3 eetlepels honing
- $\frac{1}{2}$ theelepel geraspte citroenschil
- 2 eetlepels citroensap
- 2 eetlepels Slagroom voor de slagroom

Kook de pasta volgens de instructies op de verpakking; afgieten en afkoelen.

Ondertussen, indien gewenst, mollige rozijnen: Giet in een grote kom kokend water over rozijnen

Laat het 5 minuten staan. Goed laten uitlekken. Voeg druiven, perziken of nectarines, selderij, walnoten en afgekoelde pasta toe aan de uitgelekte rozijnen.

Meng in een middelgrote kom de roomkaas, yoghurt, honing en citroenschil en citroensap. Klop met een elektrische mixer op gemiddelde snelheid tot bijna glad en goed gemengd. Roer de slagroom erdoor.

Giet dressing over het pastamengsel; gooi om te coaten. Dek af en laat 2 tot 6 uur afkoelen. Voeg indien nodig een beetje melk toe om de salade voor het serveren te bevochtigen.

82, Rijstsalade met fruit en noten

Opbrengst: 4 porties

Ingrediënt

- 125 gram langkorrelige en wilde rijstmix; gekookt
- Doos met 298 gram mandarijnenpartjes;
- 4 lente-uitjes; diagonaal gesneden
- ½ groene paprika; gezaaid en in plakjes
- 50 gram rozijnen
- 50 gram cashewnoten
- 15 gram amandelschilfers
- 4 eetlepels sinaasappelsap
- 1 eetlepel witte wijnazijn
- 1 eetlepel olie
- 1 snufje nootmuskaat

- Zout en versgemalen zwarte peper

Doe alle ingrediënten voor de salade in een kom en meng goed.

Meng in een aparte kom alle ingrediënten voor de dressing.

Giet de dressing over de salade, roer goed door en breng over naar een serveerschaal.

83, Fruitsalade met noten

Opbrengst: 4 porties

Ingrediënt

- 1 elke meloen
- 2 sinaasappels elk
- 1 kopje blauwe druiven
- Sla blaadjes
- 12 walnoothelften elk
- 8 ons yoghurt
- 1 eetlepel citroensap
- 1 eetlepel sinaasappelsap
- 1 eetlepel Tomato Catsup

- 2 eetlepels verdampte melk
- Zout; Streepje
- Witte peper; Streepje

Verwijder de meloen met de meloen. Schil de sinaasappels, verwijder het witte vlies en snijd ze kruiselings in plakjes.

Snijd de druiven doormidden en verwijder de pitjes. Bekleed een glazen kom met slablaadjes; schik meloenballen, sinaasappelschijfjes, druiven en walnoten in lagen op de sla. Mix en meng alle ingrediënten voor de dressing goed door elkaar. Kruiden aanpassen.

Giet de dressing over het fruit. Laat de ingrediënten van de salade staan
30 minuten marineren. Schep de salade vlak voor het opdienen om.

84, Macaroni fruitsalade

Opbrengst: 1 portie

Ingrediënt

- $\frac{3}{4}$ kopje suiker
- 2 eieren
- 2 eetlepels bloem
- $\frac{1}{2}$ theelepel Zout
- 2 middelgrote dozen
- 2 middelgrote dozen
- 12 ons koude zweep
- Geplette ananas
- mandarijnen
- Orzo, gekookt

Meng in een pan de ananas en het sinaasappelsap met de suiker, eieren, bloem en zout. Kook tot het dikker wordt. Combineer met orzo. Een nacht in de koelkast bewaren.

Voeg voor het serveren het fruit en de koude zweep toe.

85, Fruitsalade met couscous

Opbrengst: 4 porties

Ingrediënt

- $1\frac{1}{2}$ kopjes water
- $\frac{1}{4}$ theelepel Zout
- 1 kop rauwe couscous
- $\frac{1}{2}$ kopje vetvrije vanille-yoghurt
- $\frac{1}{2}$ theelepel geraspte citroenschil
- 1 eetlepel limoensap
- 1 lepel Honing
- 4 druppels hete pepersaus
- $\frac{1}{2}$ kopje gesneden selderij; dun gesneden
- 2 eetlepels groene ui in plakjes gesneden

- 2 eetlepels gehakte pecannoten
- 1 eetlepel gehakte koriander
- 2 Gepeld; gehakte kiwi
- 1 Gepeld; ontpitte mango, in plakjes
- 12 hele aardbeien

Meng in een kleine steelpan het water en het zout. Aan de kook brengen. Haal van het vuur; roer er meteen de couscous door. Omslag; laat het 5 minuten staan.

Roer de couscous los met een vork; 20 minuten afkoelen tot kamertemperatuur. Meng ondertussen in een kleine kom alle dressingingrediënten; Goed roeren.

Meng in een middelgrote kom bleekselderij, ui, pecannoten, koriander, kiwi, dressing en couscous; gooi voorzichtig om te coaten. Serveer onmiddellijk of zet in de koelkast tot het moment van serveren.

Schep voor het serveren het couscousmengsel op 4 borden

Schik de mango- en aardbeischijfjes decoratief rond het couscousmengsel.

86, Fruit- en bulgursalade

Opbrengst: 5 porties

Iverloop

- 3 kopjes water
- ½ kopje gele erwten
- ¾ kopje ongekookte Bulgur
- ¾ kopje kokend water
- 1 kopje Red Delicious-appels; fijngehakt
- ¼ kopje gedroogde veenbessen
- ¼ kopje ontpitte dadels
- ¼ kopje magere yoghurt
-

- 2 eetlepels Citroen
- $\frac{1}{4}$ theelepel Zout
- $\frac{1}{4}$ theelepel kerriepoeder
- 11 ons mandarijnen in het licht

  5 eetlepels gehakte amandelen; geroosterd

Breng 3 kopjes water en spliterwten aan de kook in een pan. Vermindert warmte; kook, onbedekt, 30 minuten of net totdat de spliterwten zacht zijn. goed laten uitlekken; opzij zetten. Combineer de bulgur en $\frac{3}{4}$ kopje kokend water in een grote kom.

Dek af en laat 30 minuten staan. Voeg erwten, appel, veenbessen en dadels toe; Goed roeren. Combineer de yoghurt, het citroensap, het zout en de kerrie en voeg toe aan het bulgurmengsel, goed mengend. Roer voorzichtig de sinaasappels erdoor. Bovenkant salade met geroosterde amandelen

87, Fruitsalade met noten

Opbrengst: 4 porties

Ingrediënt

- elk 1 meloen; klein
- 2 sinaasappels elk
- 1 kopje blauwe druiven
- Sla blaadjes
- 12 walnoothelften elk
- 8 ons yoghurt
-

- 1 eetlepel citroensap
- 1 eetlepel sinaasappelsap
- 1 lepel tomatenketchup
- 2 eetlepels verdampte melk
- Zout; INSPRINGEN
  Witte peper; INSPRINGEN

Verwijder de meloen met de meloen. Schil de sinaasappels, verwijder het witte vlies en snijd ze kruiselings in plakjes.

Snijd de druiven doormidden en verwijder de pitjes. Bekleed een glazen kom met slablaadjes; schik meloenballen, sinaasappelschijfjes, druiven en walnoten in lagen op de sla. Mix en meng alle ingrediënten voor de dressing goed door elkaar. Kruiden aanpassen. Giet de dressing over het fruit. Laat de ingrediënten voor de salade 30 minuten marineren.

88, Salade met wit fruit en wilde rijst

Opbrengst: 12 porties

Ingrediënt

- $1\frac{1}{2}$ kopjes witte rijst; rauw
- 1⅓kopje wilde rijst; rauw
- 1 kop gehakte selderij
- 1 kop groene ui; dun gesneden
- $\frac{3}{4}$ kopje gedroogde bosbessen
- $\frac{3}{4}$ kopje gedroogde abrikozen; snee
-

- ¼ kopje kippenbouillon
- ¼ kopje rode wijnazijn
- ¼ kopje olijfolie
- 2 theelepels Dijon-mosterd
- ½ theelepel Zout

  ½ theelepel peper

1 kop pecannoten; gebakken en gesneden

Kook de rijst apart, volgens de instructies op de verpakkingen. Giet de wilde rijst goed af. Als het afgekoeld is, roer je de bleekselderij, lente-uitjes, gedroogde veenbessen en gedroogde abrikozen erdoor. Dek af en zet in de koelkast.

Combineer de dressingingrediënten in een afgedekte pot en schud goed. Het wordt in de koelkast gezet. Schud de dressing om te mengen. Giet over het rijstmengsel. Voeg pecannoten toe en gooi om te coaten en te gooien.

•

89, Joan Cook's Pasta en Tonijn Fruitsalade

Opbrengst: 4 porties

Ingrediënt

- 1 blikje tonijn met canola
- Olie
- 2 kopjes gekookte pasta
- 2 kopjes vers fruit
- De druiven
- jicama
- peper

- 1 eetlepel zoete ui, gesnipperd
- 1 (6 oz) vanille-yoghurt
- $\frac{1}{2}$ theelepel kerriepoeder
- 1 eetlepel limoensap
- 1 eetlepel gemberwortel

Maanzaad voor decoratie

Laat de tonijn uitlekken en verdeel deze in kleine stukjes. Meng het fruit, de pasta, de ui en de tonijn. Meng de dressingingrediënten goed door elkaar. Meng de saus voorzichtig met het fruit, de pasta en de tonijn. Bestrooi eventueel met maanzaad.

Koud geserveerd.

-

90, Papaver fruitsalade

Opbrengst: 1 portie

Ingrediënt

- ½ Meloen
- 1 zoete ananas
- 300 gram pitloze groene druiven
- 300 gram pitloze paarse druiven
- 1 bos bosbessen
- 1 bakje aardbeien

- 1 mango
- 2 eetlepels maanzaad
- 2 eetlepels sesamzaadjes
- 3 eetlepels Beehive Co. honing
- 1 eetlepel balsamico azijn
- 2 eetlepels zure room
- 5 eetlepels sinaasappelsap
- 2 limoenen en sap

Schil en snijd de cantaloupe, ananas en mango in grote stukken. Was de bessen en druiven en voeg ze toe aan de fruitschaal.

Meng alle dressingingrediënten tot een gladde massa en meng dan met het fruit.

Meng met sesam- en maanzaad en laat afkoelen.

•

FRUIT SALADE DESSERTS

91, Ambrosia fruitsalade

Opbrengst: 20 porties

Ingrediënt

- 2 blikken mandarijnen; droogleggen
- 2 ananassen; de stukjes, uitgelekt

- elk 2 bananen; plak
- 2 kopjes druiven; groen of rood pitloos
- 2 vanille yoghurt
- 1 kopje amandelen; gesneden
  2 kopjes kokosnoot; vlokken
- 2 kopjes marshmallows; mini

Meng alle ingrediënten en laat afkoelen.

•

92, Valentijn fruitsalade

Opbrengst: 1 portie

Ingrediënt

- 1 blik peren
- ½ kopje rode kaneel
- 3 eetlepels azijn
- Sla

- 1 blik gesneden ananas
- $\frac{1}{2}$ kopje gehakte walnoten
- $1\frac{1}{2}$ kopjes mayonaise crème

Giet de peren af, voeg rode kaneel toe aan de perensiroop en breng de azijn aan de kook. Snijd elke peerhelft in een hartvorm en kook op siroop gedurende 20 minuten, koel. Leg de peer half met de holle kant naar beneden op het slablad. Snijd de ananas in kleine stukjes en schik deze rond de peren. Strooi walnoten rond de rand van de salade voor een kanteffect. Serveer mayonaise in een aparte kom.

Vouw mayonaise in ⅓kopje zware slagroom.

93, Ultieme gebakken fruitsalade

Opbrengst: 4 porties

Ingrediënt

- 16 ons ananasstukjes op sap
- 1 eetlepel Tapioca
- 1 appel; in blokjes gesneden
- 1 sinaasappel; geschild en in blokjes gesneden
- 4 eetlepels bevroren ananassap
- 2 eiwitten
- $\frac{1}{8}$ theelepel room van wijnsteen
- $\frac{1}{2}$ theelepel vanille
- 2 pakjes NutraSweet

Breng het achtergehouden ananassap en de tapioca aan de kook tot het ingedikt is.

Combineer appelsapconcentraat, ananas, sinaasappels en bevroren ananas.

Meng goed om het fruit te bedekken met het ingedikte sap.

Met de fruitlepel in 4 individuele ovenschalen voor soufflés

Klop de eiwitten tot er zachte pieken ontstaan.

Voeg vanille toe. Wervel het eiwit over de fruitsalade, stapel het op een dikke stapel en verdeel het over de zijkanten van de kommen. Plaats in een voorverwarmde oven van 450 graden F. gedurende 4 tot 5 minuten tot de meringue lichtbruin is.

94, Fruitsalade dessert

Opbrengst: 8 porties

Ingrediënt

- 1 pakje (10 oz) bevroren aardbeien op lichte siroop, ontdooid
- 1 pakje (8 oz) magere vanille-yoghurt
- 1 theelepel geschilde gemberwortel
- 1 middelgrote meloen
- 1 kopje aardbeien
- 3 grote paarse pruimen
- 1 grote mango
- 4 grote kiwi's
- $\frac{1}{2}$ liter bosbessen
- Garneer: takjes verse munt

Meng in een blender of keukenmachine met het mes eraan, ontdooide aardbeien, yoghurt en gember tot een gladde massa. Dek af en zet in de koelkast tot het klaar is om te serveren.

Snijd de meloen in stukjes van $1\frac{1}{2}$ ". Aardbeien in de schil; snijd ze elk doormidden. Snijd ongeschilde pruimen in plakjes van $\frac{1}{2}$ ".

Snijd met een scherp mes een overlangse plak van de mango aan elke kant van het lange, platte zaad; leg het gedeelte met het zaad opzij. Verwijder de schil van de gesneden stukken en snijd de mango in stukken van 1 ". Snijd de schil van het gereserveerde gedeelte van de mango en snijd het voorzichtig van de zaden in stukjes.

Meng in een grote kom voorzichtig de meloen, aardbeien, pruimen, mango, kiwi en bosbessen. Dek af met plasticfolie en zet in de koelkast tot het klaar is om te serveren.

95, Fluffy fruitsalade

Opbrengst: 12 tot 16

Ingrediënt

- 2 blikken (elk 20 oz) geplette ananas
- ⅔ kopje suiker
- 2 eetlepels bloem voor alle doeleinden
- 2 eieren elk, licht geklopt
- $\frac{1}{4}$ kopje sinaasappelsap
- 3 eetlepels citroensap
- 1 eetlepel plantaardige olie
- 2 fruitcocktailboxen
- 2 blikken mandarijnen, uitgelekt

- 2 bananen elk, in plakjes
- 1 kop dikke, slagroom

Giet de ananas af en bewaar 1 kopje van het sap in een kleine steelpan. Zet de ananas apart. Voeg in de pan suiker, bloem, eieren, sinaasappelsap, citroensap en olie toe.

Breng aan de kook, onder voortdurend roeren. Kook gedurende 1 minuut; haal het van het vuur en laat het afkoelen. Meng in een slakom de ananas, fruitcocktail, sinaasappels en bananen. Voeg de slagroom en de afgekoelde saus toe.

Koel gedurende enkele uren.

96, Bevroren fruitsalade

Opbrengst: 9 porties

Ingrediënt

- 2 kopjes suiker
- $\frac{1}{8}$ theelepel zout
- 4 kopjes karnemelk
- 1 theelepel vanille
- 1 blik geplette ananas
- 1 doos fruitcocktail

Meng in een grote kom de suiker, het zout, de karnemelk en de vanille tot alles goed gemengd is.

Meng het uitgelekte fruit voorzichtig. Giet in een vierkante pan van 9 inch.

Bevriezen tot stevig

97, Fruitsalade in crêpebundels

Opbrengst: 4 porties

Ingrediënt

- 1 kopje ongebleekt bloem voor alle doeleinden
- 1 lepel suiker
- Zout mes tip
- 1⅔kopje magere melk
- ½ appel, geschild, zonder zaadjes en in blokjes gesneden
- ½ peer, geschild, ontpit en in blokjes gesneden

- 1 kopje Aardbeien of frambozen, puree
- Schil van 1 sinaasappel, gesneden
- 2 grote eieren
- 3 eetlepels ongezouten boter
- $\frac{1}{2}$ kopje in blokjes gesneden ananas
- $\frac{1}{2}$ kopje slagroom, op smaak gebracht met
- $\frac{1}{4}$ theelepel vanille-extract
- Angelica in reepjes van 1 inch gesneden
- Muntbladeren

Bereid de pannenkoeken: Zeef in een grote kom de bloem, suiker en zout en maak een kuiltje in het midden. Klop de melk geleidelijk door de bloem tot een gladde massa. Voeg de eieren één voor één toe, snel mengend tot ze zijn opgenomen. Roer de boter erdoor en laat het deeg 30 minuten op kamertemperatuur staan.

Verhit een 10-inch koekenpan met antiaanbaklaag op middelhoog vuur tot hij heet is, voeg ⅓C beslag toe en draai de pan totdat het beslag het oppervlak in een gelijkmatige laag bedekt. Kook tot er crêpe-bubbels bovenop komen, draai en kook gedurende 30 seconden. Haal de crêpe uit de pan en houd warm in de oven op laag. Herhaal het proces met het resterende deeg.

Bereid de vulling voor: Voeg in een pan met antiaanbaklaag op middelhoog vuur de appel, peer en ananas toe en bak tot ze goed warm zijn. Haal de pan van het vuur en zet apart.

98, Fruitparfaitsalade

Opbrengst: 3 porties

Ingrediënt

- 1 groot blik geplette ananas
- 1 doos kersentaart vulling
- 1 blikje Milnot
- 1 groot blik Cool Whip

Het kan zacht of licht ingevroren gegeten worden, maar licht ingevroren smaakt het mijns inziens beter.

Je kunt ook andere taartvullingen vervangen, zoals bramen, perziken, bosbessen, enz.

99, Gumdrop Fruitsalade

Opbrengst: 10 porties

Ingrediënt

- 1 kop slagroom
- 2½ kopjes Ananasstukjes, uitgelekt
- 2 kopjes pitloze druiven
- 2 kopjes miniatuur marshmallows
- ¾ kopje Gumdrops (laat zwarte Gumdrops weg), fijngehakt
- 1 pot (4 oz) Maraschino-kersen, gehakt
- ½ kopje gehakte pecannoten
- ½ kopje ananassap
- ¼ kopje suiker

- 2 eetlepels bloem
- $\frac{1}{4}$ theelepel Zout
- 3 eetlepels citroensap
- $1\frac{1}{2}$ theelepel azijn

Klop de slagroom en meng alle ingrediënten. Voeg de afgekoelde dressing toe en zet een nacht in de koelkast.

Meng alle ingrediënten in een pan en kook tot ze ingedikt zijn, onder voortdurend roeren. Koel af voordat u het aan de salade toevoegt.

100, hazelnootroomijs parfait

Opbrengst: 8 porties

Ingrediënt

- 6 eierdooiers
- 150 milliliter suikersiroop
- 3 theelepels oploskoffie, opgelost
- 12 gedroogde vijgen
- 12 pruimen
- 1 citroen, met sap en rasp
- 1 sinaasappel, sap en rasp
- 30 hazelnoten
- 150 gram suiker

- 2 eetlepels kokend water
- 100 gram hazelnoot nougat, licht gesmolten
- 600 milliliter Verdikte room, hard opkloppen
- 4 kruidnagels
- 8 gekraakte peperkorrels
- 1 vanillestokje, gespleten zonder pitjes
- Een paar druppels citroensap
- Het water

Glace: Klop de eidooiers en 150 ml siroop schuimig. Zet het op een laag vuur en klop tot het dikker wordt. Zet nu op ijs en schud tot het koud is, voeg de koffie-essence toe. Voeg de gesmolten nougat toe en als laatste de room. Draai in een broodvorm en vries in.

Winterfruitsalade: Bedek het fruit met kokend water om het te laten zwellen. Voeg het geperste citroen- en sinaasappelsap toe aan de bewaarde suikersiroop, samen met de vanillebonen. Bind de citroen- en sinaasappelschil, kruidnagel en peperkorrels in een mousseline zak en voeg toe aan de siroop.

Breng aan de kook, pas de zoetheid aan met wat extra water. Kook gedurende 20 minuten. Voeg de vijgen en pruimen toe en laat nog 20 minuten zachtjes sudderen. Laat het afkoelen.

CONCLUSIE

Het maken van de beste fruitsalade vergt wat planning, maar het is eenvoudig te doen!

Het maken van een geweldige fruitsalade werkt het beste als je een paar eenvoudige regels volgt en ervoor zorgt dat je het juiste fruit en de juiste dressing kiest om precies het type fruitsalade te krijgen dat je wilt. Een heerlijke fruitsalade kan iedereen maken!

CPSIA information can be obtained
at www.ICGtesting.com
Printed in the USA
LVHW081242101122
732762LV00009B/549

9 781837 629039